Impressum
Verlag: BABADADA GmbH, Nedderfeld 112 , 22529 Hamburg
Geschäftsführer / Verlagsleitung: Harald Hof
Druck: Books on Demand GmbH, In de Tarpen 42, 22848 Norderstedt

Imprint
Publisher: BABADADA GmbH, Nedderfeld 112 , 22529 Hamburg, Germany
Managing Director / Publishing direction: Harald Hof
Print: Books on Demand GmbH, In de Tarpen 42, 22848 Norderstedt

xue xiao

shule

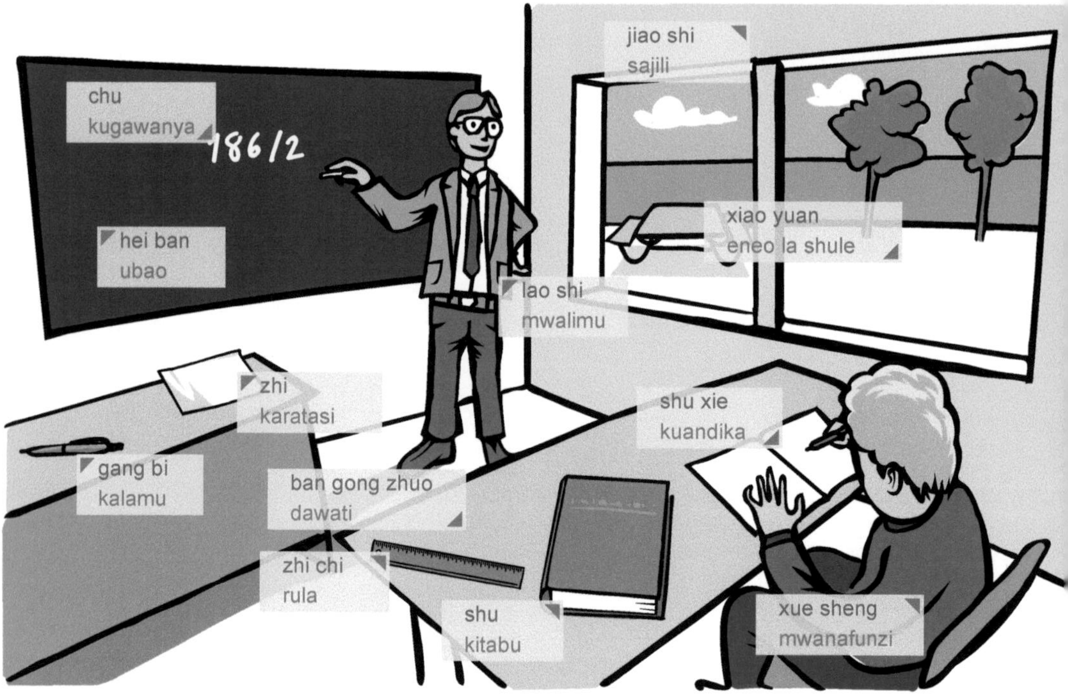

chu
kugawanya
186/2
hei ban
ubao
jiao shi
sajili
xiao yuan
eneo la shule
lao shi
mwalimu
zhi
karatasi
shu xie
kuandika
gang bi
kalamu
ban gong zhuo
dawati
zhi chi
rula
shu
kitabu
xue sheng
mwanafunzi

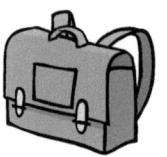

shu bao

mkoba

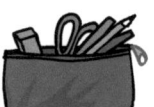

qian bi he

kikasha cha penseli

qian bi

penseli

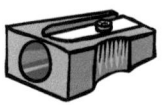

juan bi dao

kichonga penseli

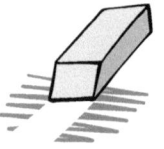

xiang pi ca

mpira

hua ban

pedi ya kuchora

tu hua

uchoraji

hua bi

brashi ya rangi

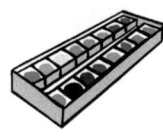

yan liao he

sanduku la rangi

jian dao

mkasi

jiao shui

gundi

lian xi ce

daftari

jia ting zuo ye

kazi ya nyumbani

shu zi

nambari

2+2

jia

jumlisha

5-2

jian

ondoa

2x2

cheng

zidisha

ji suan

kokotoa

A

zi mu

barua

ABCDEFG
HIJKLMN
OPQRSTU
VWXYZ

zi mu biao

alfabeti

zi

neno

ke wen

maandishi

du

kusoma

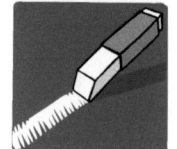

fen bi

chaki

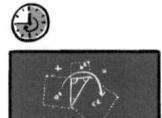

shang ke

somo

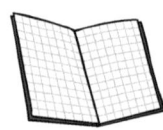

deng ji

sajili

kao shi

uchunguzi

zheng shu

cheti

xiao fu

sare za shule

jiao yu

elimu

bai ke quan shu

elezo

da xue

chuo kikuu

xian wei jing

darubini

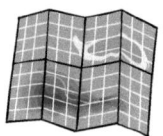

di tu

ramani

fei zhi kuang

kikapu cha kuweka karatasi
chafu

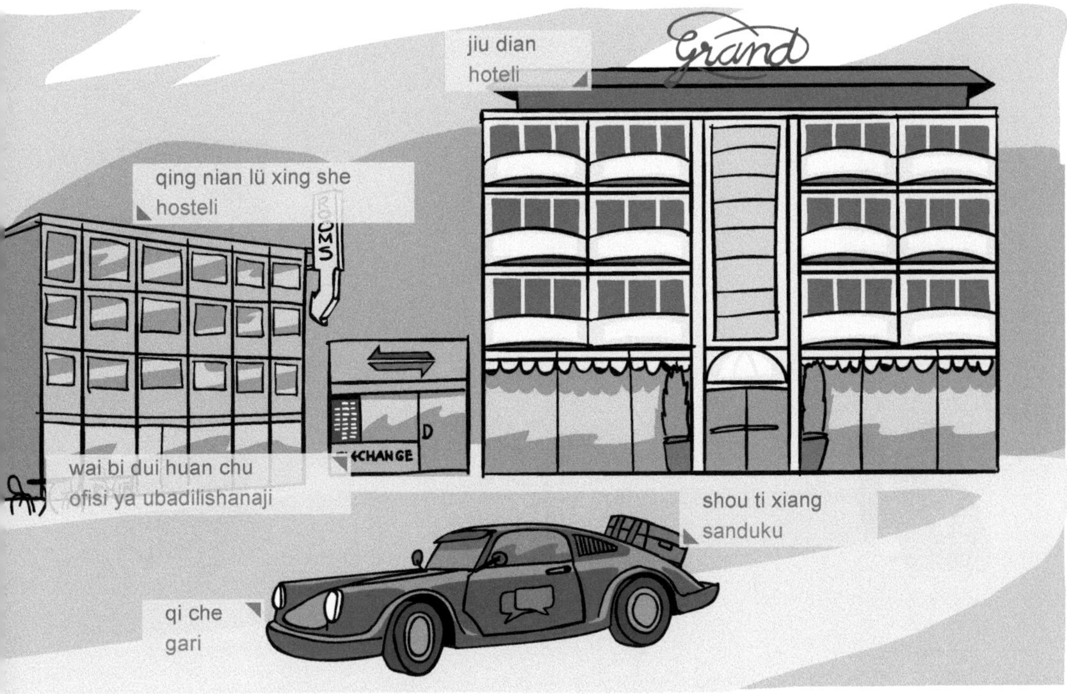

jiu dian
hoteli
Grand
qing nian lü xing she
hosteli
ROOMS
EXCHANGE
wai bi dui huan chu
ofisi ya ubadilishanaji
shou ti xiang
sanduku
qi che
gari

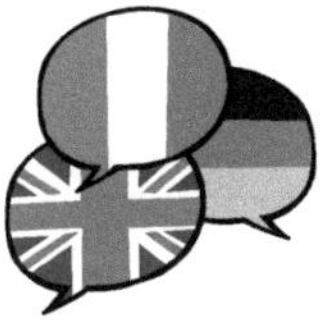

yu yan

lugha

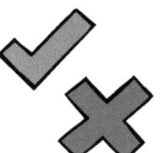

shi/fou

ndiyo / la

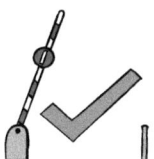

hao de

sawa

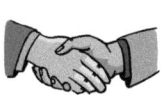

nin hao

hujambo

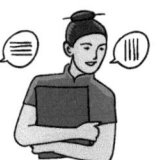

fan yi yuan

mtafsiri

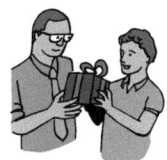

xie xie

Asante

......duo shao qian?

kiasi gani ni ...?

wo bu ming bai

Sielewi

wen ti

tatizo

wan shang hao!

Jioni njema!

zao shang hao!

Habari za asubuhi!

wan an!

Usiku mwema!

zai jian

kwa heri

fang xiang

mwelekeo

xing li

mizigo

bao

mfuko

shuang jian bao

shanta

ke ren

mgeni

fang jian

chumba

shui dai

begi la kulalia

zhang peng

hema

lü you xin xi

taarifa ya utalii

hai tan

ufuo

xin yong ka

kadi

zao can

kifunguakinywa

wu can

chakula cha mchana

wan can

chakula cha jioni

piao

tiketi

dian ti

kuinua

you piao

muhuri

bian jie

mpaka

hai guan

mila

da shi guan

ubalozi

qian zheng

visa

hu zhao

pasipoti

jiao tong yun shu
usafiri

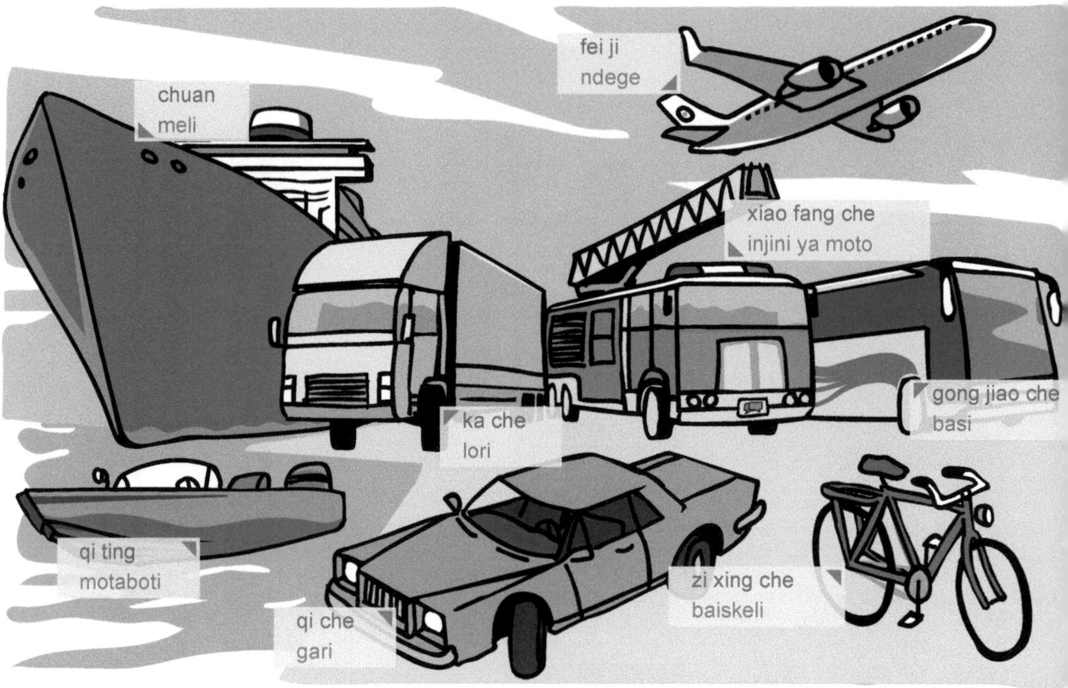

fei ji
ndege
chuan
meli
xiao fang che
injini ya moto
gong jiao che
basi
ka che
lori
qi ting
motaboti
zi xing che
baiskeli
qi che
gari

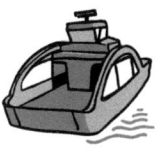

bai du chuan
feri

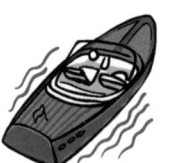

xiao chuan
mashua

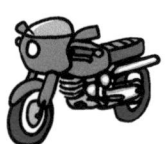

mo tuo che
pikipiki

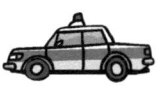

jing che
gari la polisi

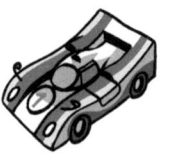

sai che
gari la mashindano

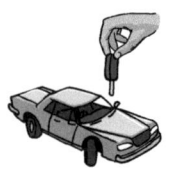

zu che
gari la kukodisha

pin che

kushiriki gari

tuo che

lori la kuvuta

la ji che

ukusanyaji taka

fa dong ji

motor

qi you

mafuta

jia you zhan

kituo cha mafuta

jiao tong biao zhi

ishara trafiki

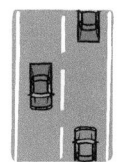

jiao tong

trafiki

jiao tong du sai

msongamano

ting che chang

maegesho

huo che zhan

kituo cha treni

gui dao

reli

huo che

garimoshi

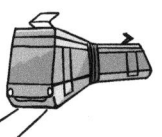

dian che

tremu

huo che

gari la mizigo

zhi sheng ji

helikopta

ji chang

uwanja wa ndege

ta

mnara

cheng ke

abiria

ji zhuang xiang

chombo

zhi ban xiang

katoni

shou tui che

mkokoteni

lan zi

kikapu

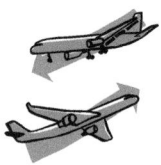

qi fei/jiang luo

ondoka

cheng shi

jiji

cun zhuang

kijiji

shi zhong xin

katikati ya jiji

fang zi

nyumba

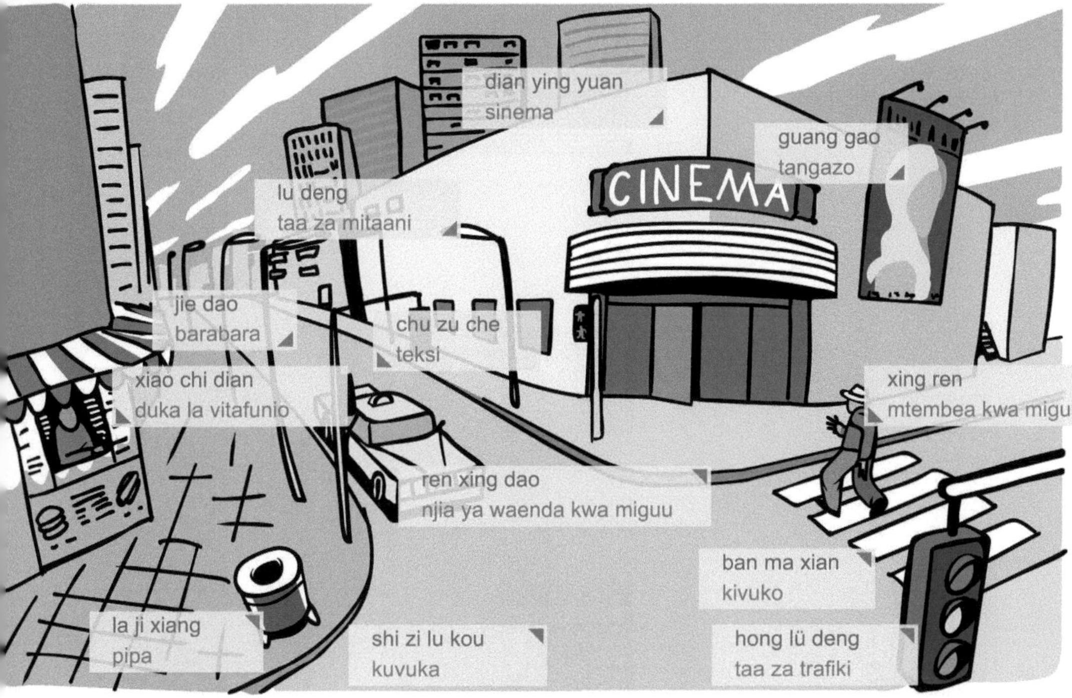

dian ying yuan / sinema

guang gao / tangazo

lu deng / taa za mitaani

jie dao / barabara

chu zu che / teksi

xiao chi dian / duka la vitafunio

xing ren / mtembea kwa miguu

ren xing dao / njia ya waenda kwa miguu

ban ma xian / kivuko

la ji xiang / pipa

shi zi lu kou / kuvuka

hong lü deng / taa za trafiki

xiao wu

kibanda

gong yu

gorofa

huo che zhan

kituo cha treni

shi zheng ting

ukumbi wa mji

bo wu guan

Makavazi

xue xiao

shule

da xue

chuo kikuu

yin hang

benki

yi yuan

hospitali

jiu dian

hoteli

yao fang

duka la dawa

ban gong shi

ofisi

shu dian

duka la kitabu

shang dian

duka

hua dian

duka la maua

chao shi

dukakuu

shi chang

soko

bai huo shang dian

idara ya kuhifadhi

yu dian

mwuza samaki

gou wu zhong xin

kituo cha ununuzi

hai gang

bandari

gong yuan

Hifadhi

chang deng

benki

qiao

daraja

lou ti

vidato

di tie

chini ya ardhi

sui dao

handaki

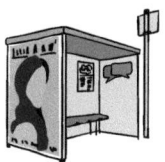

gong jiao che zhan

kituo cha mabasi

jiu ba

bar

can guan

mgahawa

you tong

sanduku la posta

lu biao

ishara ya barabara

ting che ji shi qi

mita ya maegesho

dong wu yuan

bustani ya wanyama

you yong guan

kidimbwi cha kuogelea

qing zhen si

msikiti

nong chang

shamba

wu ran

uchafuzi

mu di

makaburini

jiao tang

kanisa

cao chang

uwanja wa michezo

si miao

hekalu

di xing

mazingira

shu ye
jani

zhi shi pai
ishara ya mwelekeo

lu
njia

cao di
malisho

shi tou
jiwe

shu
mti

tu bu lü xing zhe
mtembeaji wa masafa

he
mto

cao
nyasi

hua
ua

xia gu

bonde

shan

kilima

hu

ziwa

sen lin

msitu

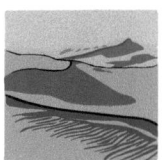

sha mo

jangwa

huo shan

volkano

cheng bao

ngome

cai hong

upinde wa mvua

mo gu

uyoga

zong lü shu

mtende

wen zi

mbu

cang ying

kuruka

ma yi

chungu

mi feng

nyuki

zhi zhu

buibui

jia chong

mende

qing wa

chura

song shu

kuchakuro

ci wei

nungunungu

ye tu

sungura

mao tou ying

bundi

niao

ndege

tian e

swan

ye zhu

nguruwe mwitu

lu

kulungu

mi lu

aina ya kongoni

shui ba

bwawa

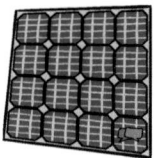

feng li fa dian ji

tabo ya upepo

tai yang neng dian chi ban

nishaji ya jua

qi hou

hali ya hewa

fu wu yuan
mhudumu

cai dan
menyu

yi zi
kiti

tang
supu

pi sa bing
piza

zhuo bu
kitambaa cha mezani

can ju
vilia

qian cai

kiamsha hamu

zhu cai

kozi kuu

tian dian

kitindamlo

yin liao

vinywaji

shi wu

chakula

ping zi

chupa

kuai can

chakula cha haraka

jie bian xiao chi

Streetfood

cha hu

buli

tang he

kisanduku cha sukari

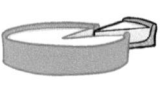

yi fen fan cai

sehemu

yi shi ka fei ji

mashine ya espresso

gao jiao yi

kiti kirefu

zhang dan

muswada

tuo pan

trei

dao

kisu

can cha

uma

shao zi

kijiko

cha chi

kijiko cha chai

can jin

nepi

bo li bei

glasi

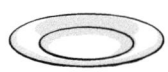

die zi

sahani

tang pan

sahani ya supu

die zi

sufuria

jiang

mchuzi

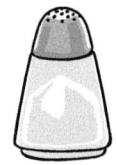

yan ping

kichanyaji chumvi

hu jiao mo

kinu cha pilipili

cu

siki

shi yong you

mafuta

tiao wei liao

viungo

fan qie jiang

kechapu

jie mo

haradali

dan huang jiang

kachumbari nzito

chao shi

dukakuu

te jia
ofa maalum
FOR
gu ke
mteja
ru zhi pin
maziwa
shui guo
matunda
gou wu che
toroli

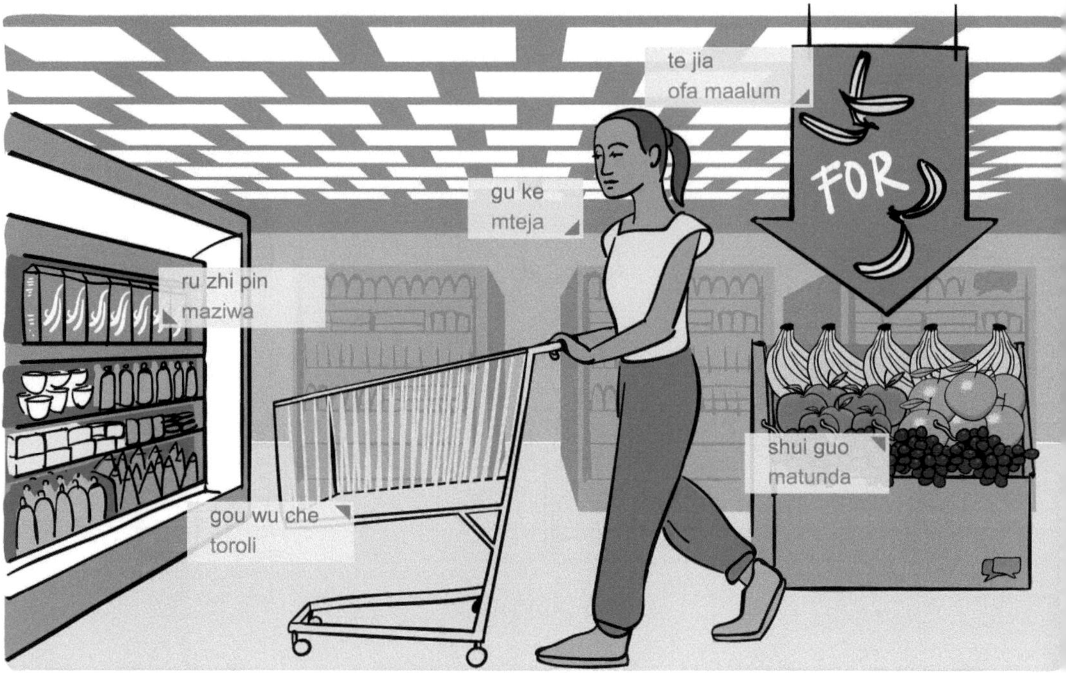

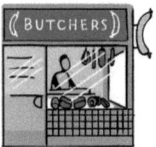

BUTCHERS

rou pu

mchinjaji

BAKERY

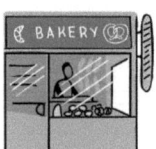

mian bao fang

mwokaji

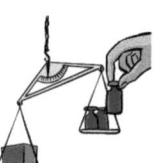

cheng zhong

uzito

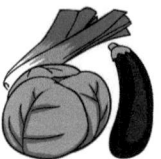

shu cai

mboga

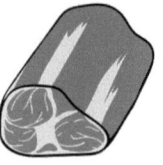

rou

nyama

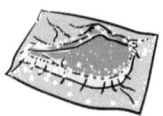

leng dong shi pin

chakula waliohifadhiwa

leng pan

vipande vya nyama baridi

guan tou shi pin

chakula cha kopo

xi yi fen

sabuni ya unga

tian shi

pipi

ri yong pin

bidhaa za kaya

qing jie yong pin

bidhaa za kusafisha

xiao shou yuan

mtu mauzo

shou yin ji

mpaka

shou yin yuan

keshia

gou wu qing dan

orodha ya manunuzi

kai fang shi jian

masaa ya ufunguzi

qian bao

mkoba

xin yong ka

kadi

dai zi

mfuko

su liao dai

mfuko wa plastiki

shui

maji

guo zhi

sharubati

niu nai

maziwa

ke le

coke

hong jiu

mvinyo

pi jiu

bia

jiu

pombe

ke ke

kakao

cha

chai

ka fei

kahawa

yi shi nong suo ka fei

spreso

ka bu qi nuo

kapuchino

xiang jiao

ndizi

ping guo

tufaha

cheng zi

machungwa

xi gua

tikiti

ning meng

lemon

hu luo bo

karoti

da suan

kitunguu saumu

zhu zi

mianzi

yang cong

kitunguu

mo gu

uyoga

jian guo

karanga

mian tiao

nudo

yi da li mian tiao

spageti

mi fan

mpunga

sha la

saladi

shu tiao

vibanzi

zha tu dou

viazi vya kukaanga

pi sa bing

piza

han bao bao

hambaga

san ming zhi

sandwichi

zha zhu pai

kipande

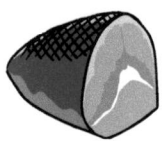

huo tui

paja la mnyama

sa la mi

salami

xiang chang

soseji

ji rou

kuku

kao rou

choma

yu

samaki

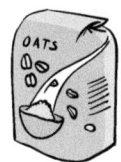

yan mai pian

oats ya uji

mu zi li

muesli

yu mi pian

cornflakes

mian fen

unga

yang jiao mian bao

kroisanti

mian bao juan

andazi

mian bao

mkate

kao mian bao

mkate wa kubanika

bing gan

biskuti

huang you

siagi

ning ru

maziwa mgando

dan gao

keki

dan

yai

jian dan

yai kukaanga

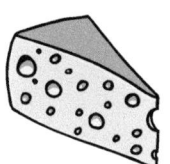

nai lao

jibini

bing ji lin

aiskrimu

tang

sukari

feng mi

asali

guo jiang

jemu

qiao ke li jiang

kuenea kwa chokoleti

ga li fan

mchuzi wa viungo

nong chang
shamba

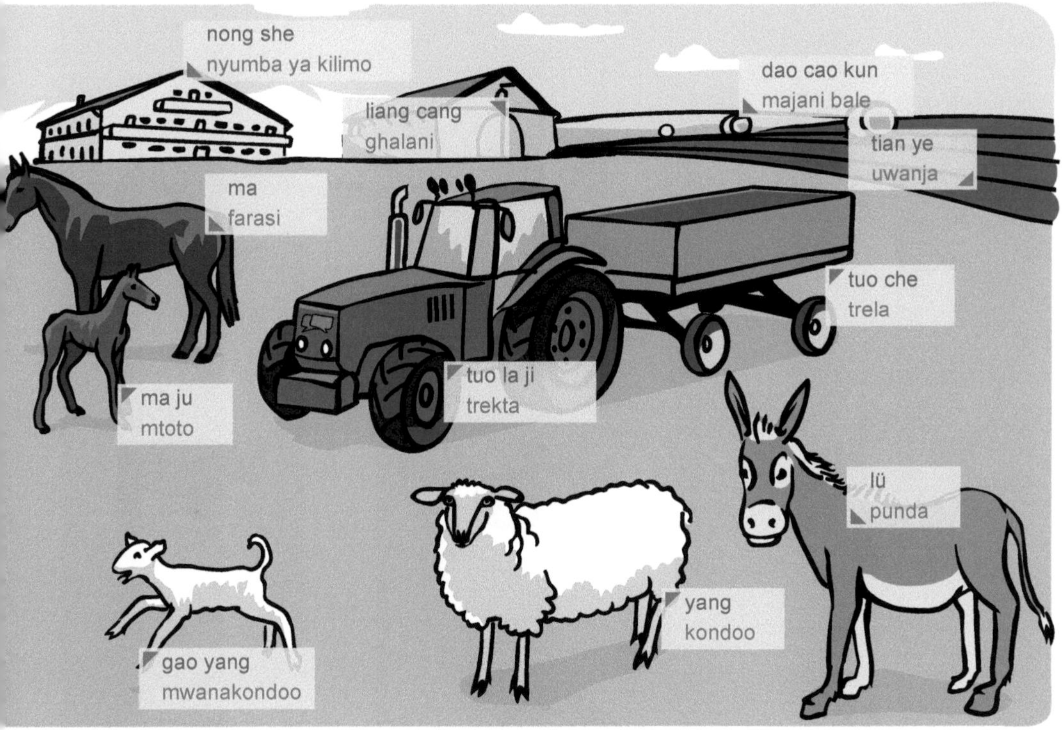
nong she
nyumba ya kilimo
liang cang
ghalani
dao cao kun
majani bale
tian ye
uwanja
ma
farasi
tuo che
trela
ma ju
mtoto
tuo la ji
trekta
lü
punda
yang
kondoo
gao yang
mwanakondoo

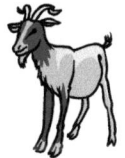

shan yang

mbuzi

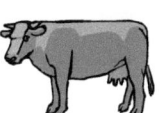

nai niu

ng'ombe

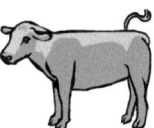

niu du

ndama

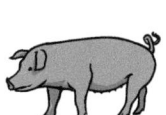

zhu

nguruwe

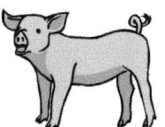

xiao zhu

mwananguruwe

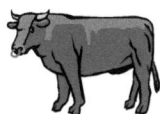

gong niu

fahali

e

batabukini

ya

bata

xiao ji

kifaranga

mu ji

kuku

gong ji

jogoo

shu

panya

mao

paka

lao shu

panya

niu

ng'ombe

gou

mbwa

gou wu

nyumba ya mbwa

hua yuan jiao shui ruan guan

bomba la bustani

sa shui hu

debe la kumwagilia maji

chang bing da lian dao

fyekeo

li

kulima

lian dao

mundu

chu tou

jembe

chang bing cao pa

uma wa nyasi

fu tou

shoka

du lun shou tui che

toroli

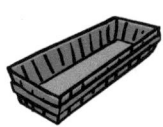

si liao cao

kupitia nyimbo

niu nai guan

chombo cha maziwa

ma bu dai

gunia

zha lan

ua

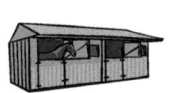

ma jiu

imara

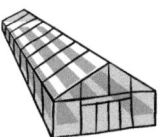

wen shi

chafu

tu rang

udongo

zhong zi

mbegu

fei liao

mbolea

lian he shou ge ji

kivunaji

shou ge

mavuno

shou ge

mavuno

shan yao

viazi vikuu

xiao mai

ngano

da dou

soya

tu dou

viazi

yu mi

mahindi

you cai zi

rapa

guo shu

mti wa matunda

shu shu

muhogo

gu wu

nafaka

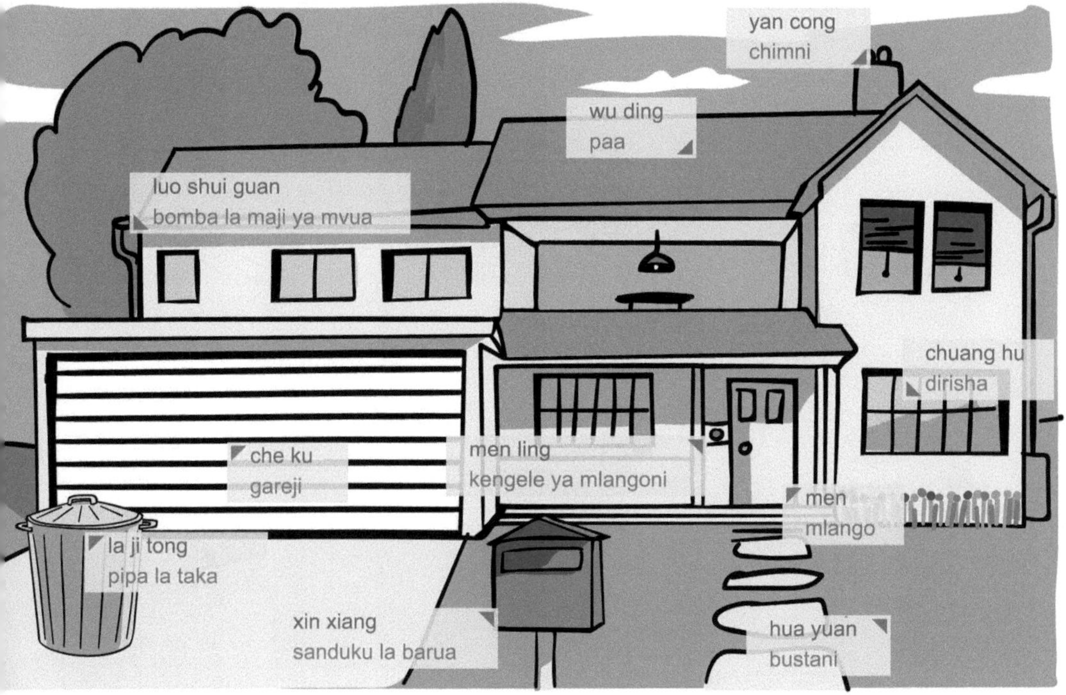

yan cong
chimni

wu ding
paa

luo shui guan
bomba la maji ya mvua

chuang hu
dirisha

che ku
gareji

men ling
kengele ya mlangoni

men
mlango

la ji tong
pipa la taka

xin xiang
sanduku la barua

hua yuan
bustani

ke ting
sebuleni

yu shi
bafu

chu fang
jikoni

wo shi
chumba cha kulala

er tong fang
chumba ya mtoto

can ting
chumba cha kulia

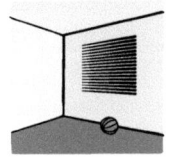

di ban

sakafu

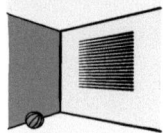

qiang bi

ukuta

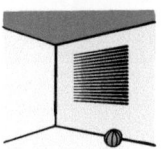

diao ding

dari

di jiao

pishi

sang na

sauna

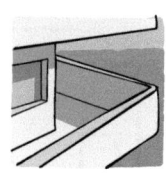

yang tai

roshani

lu tai

mtaro

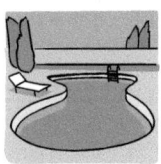

you yong chi

kidimbwi

ge cao ji

mashine ya kukata nyasi

bei dan

karatasi

chuang zhao

kitambaa cha kupamba
kitanda

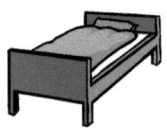

chuang

kitanda

sao zhou

ufagio

shui tong

ndoo

kai guan

kubadili

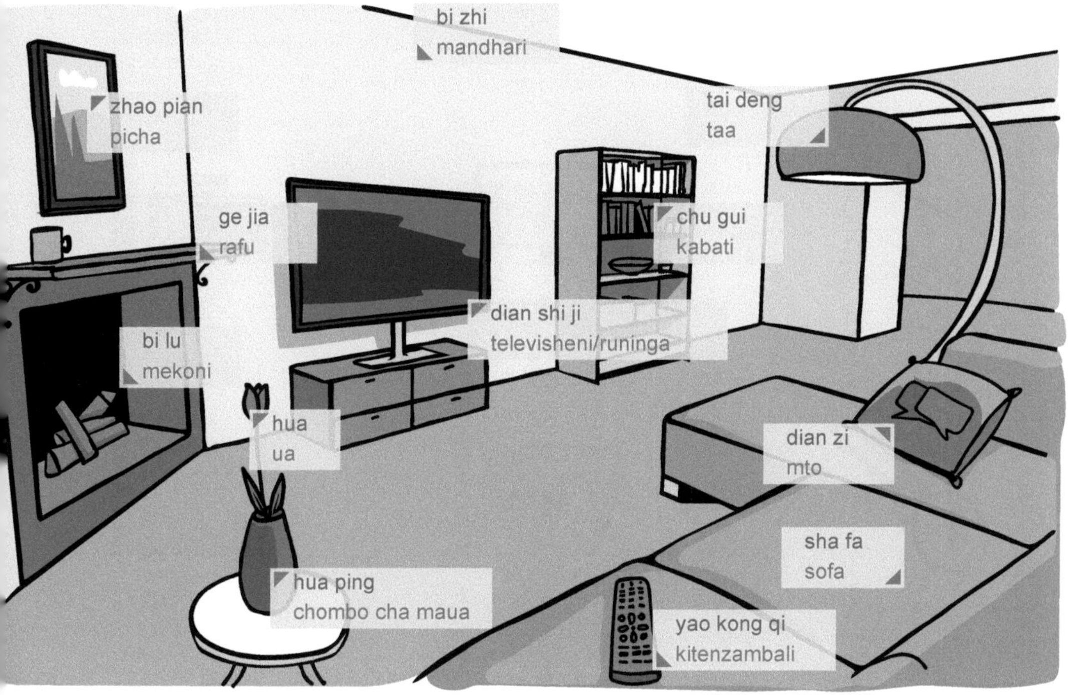

bi zhi
mandhari

zhao pian
picha

tai deng
taa

ge jia
rafu

chu gui
kabati

bi lu
mekoni

dian shi ji
televisheni/runinga

hua
ua

dian zi
mto

sha fa
sofa

hua ping
chombo cha maua

yao kong qi
kitenzambali

di tan
zulia

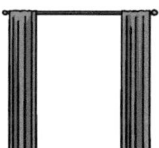

chuang lian
pazia

can zhuo
meza

yi zi
kiti

yao yi
kiti cha bembea

fu shou yi
armchair

shu

kitabu

tan zi

blanketi

zhuang shi pin

mapambo

mu chai

kuni

dian ying

filamu

gao bao zhen yin xiang

kifaa cha hi-fi

yao shi

ufunguo

bao zhi

gazeti

you hua

uchoraji

hai bao

bango

shou yin ji

redio

bi ji ben

daftari

xi chen qi

kifyonza

xian ren zhang

dungusi kakati

la zhu

mshumaa

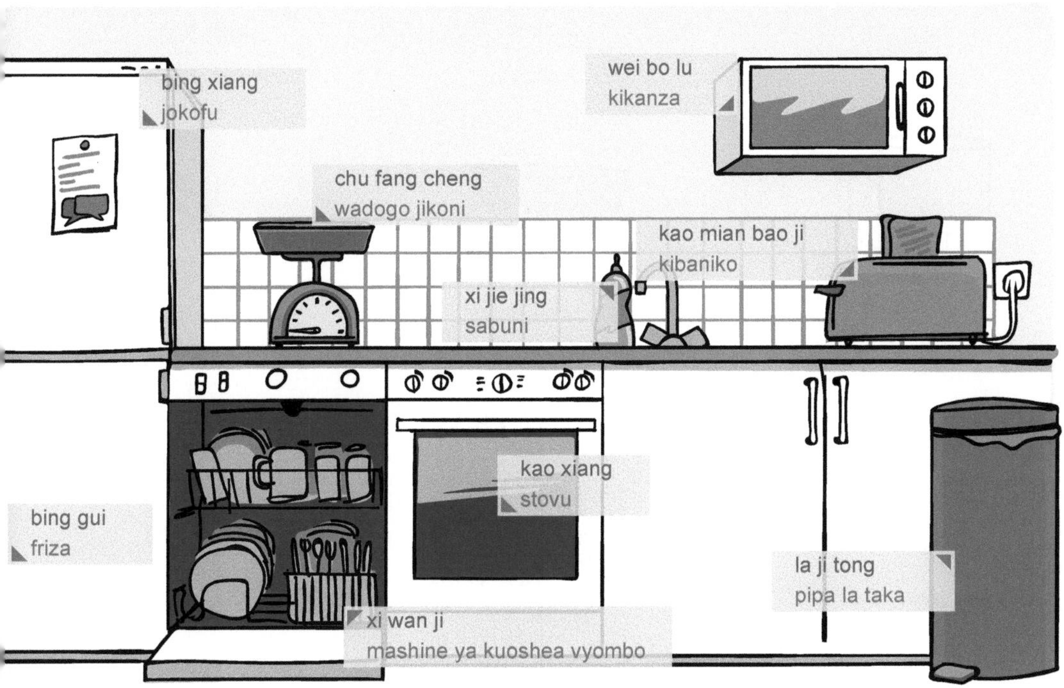

bing xiang
jokofu

wei bo lu
kikanza

chu fang cheng
wadogo jikoni

kao mian bao ji
kibaniko

xi jie jing
sabuni

bing gui
friza

kao xiang
stovu

la ji tong
pipa la taka

xi wan ji
mashine ya kuoshea vyombo

chui ju

jiko la kupika

guo

chungu

zhu tie guo

sufuria ya chuma

sha guo

wok / kadai

ping di guo

kaango

shui hu

birika

zheng guo

stima

kao pan

sinia ya kuoka

tao ci guo

vyombo vya udongo

ma ke bei

kombe

wan

bakuli

kuai zi

vijiti vya kulia

chang bing shao

ukawa

chan zi

mwiko mpana

jiao ban qi

burashi

lü wang

kichujio

shai zi

chujio

mo sui ji

mbuzi

yan bo

chokaa

shao kao

barbeque

ming huo

moto wazi

cai ban

ubao wa majaribio

gan mian zhang

kijiti cha kusukuma unga

kai ping qi

kizibuo

guan zi

kopo

kai ping qi

inaweza kopo

ge re shou tao

kishikio cha chungu

shui cao

karo

shua zi

brashi

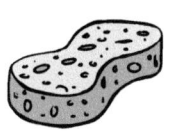

hai mian

sifongo

jiao ban ji

kisagaji matunda

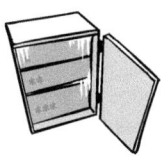

leng cang xiang

friji ya kina

nai ping

chupa ya mtoto

shui long tou

bomba

yu shi

bafu

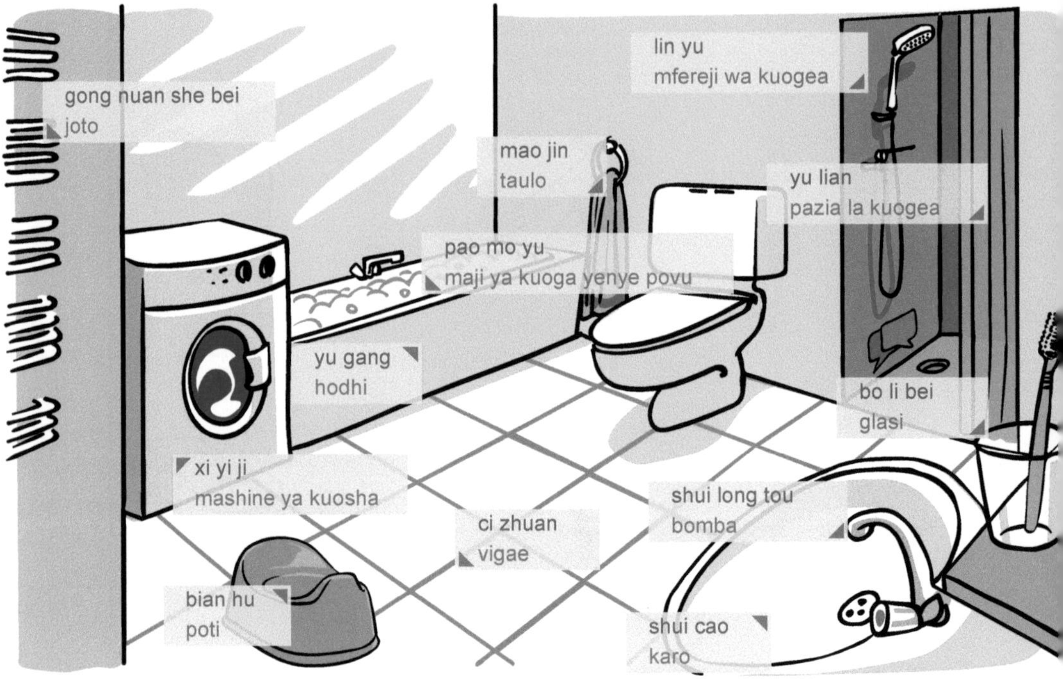

gong nuan she bei
joto
lin yu
mfereji wa kuogea
mao jin
taulo
yu lian
pazia la kuogea
pao mo yu
maji ya kuoga yenye povu
yu gang
hodhi
bo li bei
glasi
xi yi ji
mashine ya kuosha
shui long tou
bomba
ci zhuan
vigae
bian hu
poti
shui cao
karo

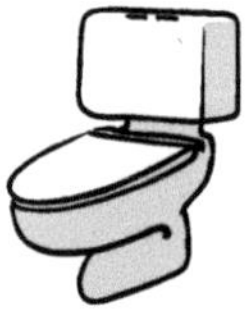

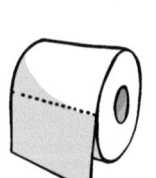

ce suo

choo

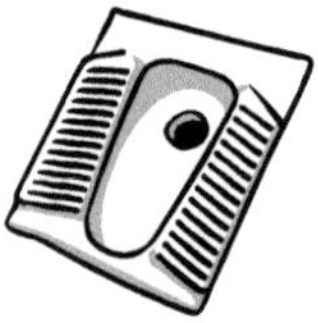

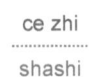

dun bian qi

choo cha squat

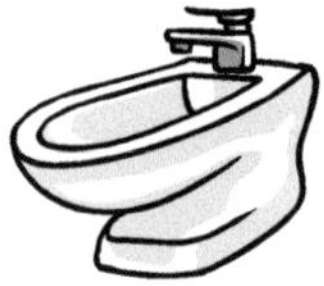

zuo yu qi

beseni la mviringo

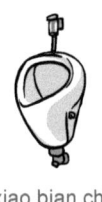

xiao bian chi

choo cha umma

ce zhi

shashi

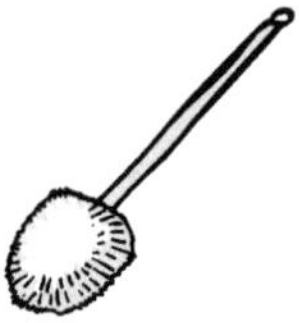

ma tong shua

brashi ya choo

ya shua

mswaki

ya gao

dawa ya meno

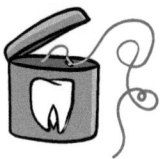

ya xian

dawa ya meno

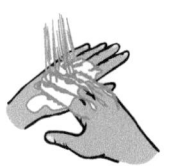

xi

safisha

shou chi shi pen lin tou

kuoga mkono

chong xi qi

msukumo wa maji

xi lian pen

bonde

ca bei shua

mpako wa pili

fei zao

sabuni

mu yu lu

jeli ya kuogea

xi fa shui

shampuu

fa lan rong

flana

pai shui

toa maji

ru shuang

krimu

chu chou ji

kiondoa harufu

jing zi

kioo

shou jing

kioo mkono

ti xu dao

kinyozi

ti xu pao mo

povu la kunyoa

xu hou shui

baada ya kunyoa

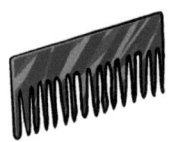

shu zi

kichana

shua zi

brashi

chui feng ji

kikausha nywele

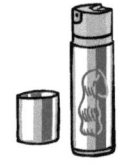

pen fa ding xing ji

marashi ya nyewele

hua zhuang pin

vipodozi

chun gao

kidomwa

zhi jia you

varnish ya msumari

hua zhuang mian

pamba

zhi jia jian

mkasi wa kucha

xiang shui

manukato

xi shu bao

mkoba wa kuosha

deng zi

kinyesi

ji zhong cheng

mizani

yu pao

nguo ya kuoga

xiang jiao shou tao

glavu za mpira

wei sheng mian tiao

kisodo

wei sheng jin

sodo

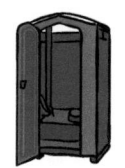

hua xue ce suo

kemikali choo

er tong fang

chumba ya mtoto

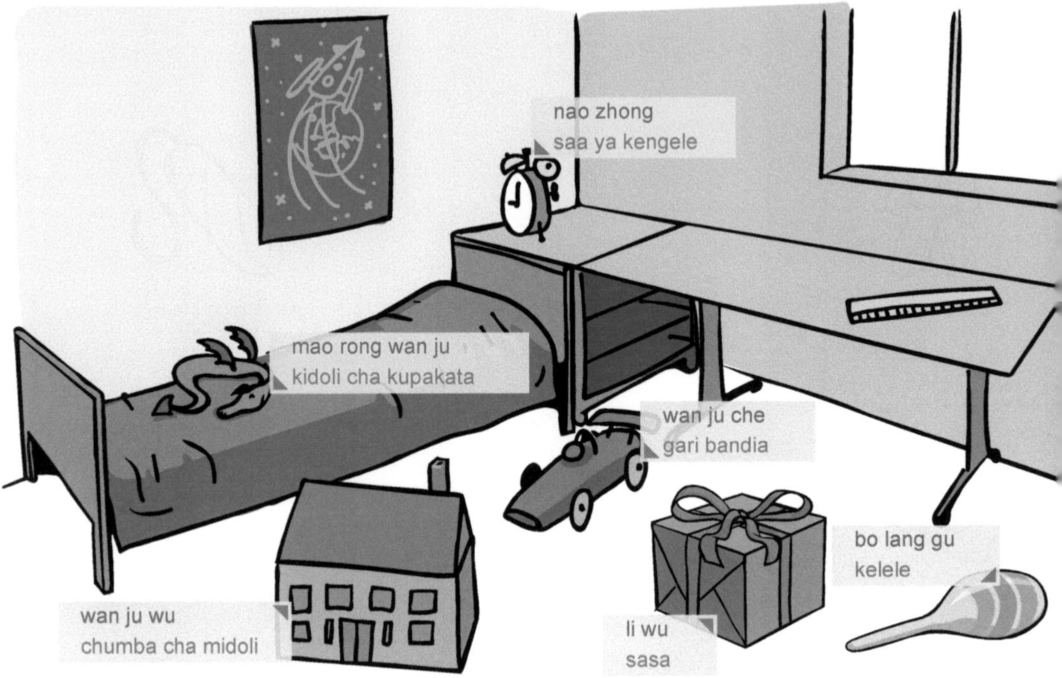

nao zhong
saa ya kengele
mao rong wan ju
kidoli cha kupakata
wan ju che
gari bandia
bo lang gu
kelele
wan ju wu
chumba cha midoli
li wu
sasa

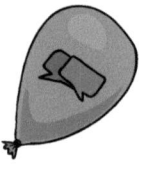

qi qiu

baluni

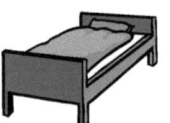

chuang

kitanda

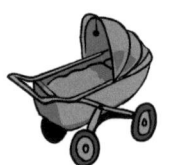

(yang wa wa yong)ying er che

mashua

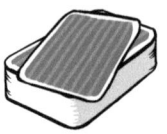

pu ke pai

staha ya kadi

pin tu

mchezo-fumb

SUPER MEGA

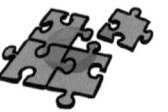

man hua

vichekesho

le gao ji mu

matofali lego

ji mu wan ju

vitalu mwigo

wan ju ren

hatua takwimu

ying er fu

suti ya kulalia

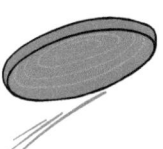

fei pan

kisahani

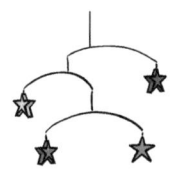

chuang ling wan ju

simu

qi pan you xi

ubao wa michezo

shai zi

kete

huo che mo xing

garimoshi mwigo

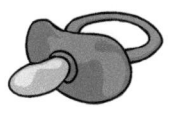

an fu nai zui

dummy

ju hui

chama

hui ben

picha kitabu

qiu

mpira

yang wa wa

kikaragosi

wan

kucheza

sha keng

shimo la mchanga

qiu qian

bembea

wan ju

vitu bandia

you xi ji

kiweko cha video ya mchezo

san lun che

baiskeli ya magurudumu

tai di xiong

mwanasesere

yi chu

kabati

matatu

wa zi

soksi

chang wa

stokingi

jin shen ku

kibano

wei jin
skafu

yu san
mwavuli

T xu
fulana

pi dai
ukanda

xue zi
viatu

tuo xie
ndara

yun dong xie
wakufunzi

liang xie
....
malapa

xie
....
viatu

yu xue
....
mabuti ya mpira

nei ku
....
suruali ya ndani

xiong zhao
....
sidiria

bei xin
....
fulana

yi fu - nguo

45

shen ti

mwili

ku zi

suruali

niu zai ku

dangirizi

duan qun

sketi

nü shi chen shan

blauzi

chen shan

shati

tao tou shan

vuta

wei yi

sweta

xi zhuang jia ke

bleza

jia ke

jaketi

wai tao

koti

yu yi

koti la mvua

tao zhuang

maleba

lian yi qun

gauni

hun sha

mavazi ya harusi

xi zhuang

suti

shui pao

vazi la usiku

shui yi

pajama

sha li

sari

tou jin

skafu

bao tou jin

kilemba

bo ka

burka

ka fu tan

kaftan

(a la bo shi)chang pao

abaya

yong yi

vazi la kuogelea

nan shi yong ku

vazi la kiume la kuogelea

duan ku

kaptura

yun dong fu

teitei

wei qun

aproni

shou tao

glavu

niu kou

kifungo

yan jing

glasi

shou lian

bangili

xiang lian

mkufu

jie zhi

pete

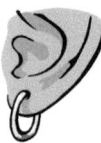

er huan

herini

bian mao

kofia

yi jia

kiango cha koti

mao zi

kofia

ling dai

tai

la lian

zipu

tou kui

kofia

bei dai

kanda za suruali

xiao fu

sare za shule

zhi fu

sare

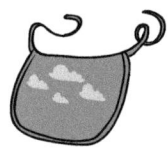

wei dou

bibu

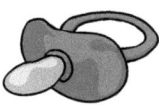

an fu nai zui

dummy

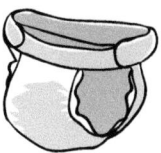

niao bu shi

nepi

ban gong shi
ofisi

fu wu qi
seva
wen jian gui
kabati la kuweka faili
da yin ji
kichapishaji
zhi
karatasi
xian shi ping
kiwambo
shu biao
kipanya
ban gong zhuo
dawati
wen jian jia
folda
jian pan
kibodi
i kuang
u cha kuweka karatasi chafu
dian nao
kompyuta
yi zi
kiti

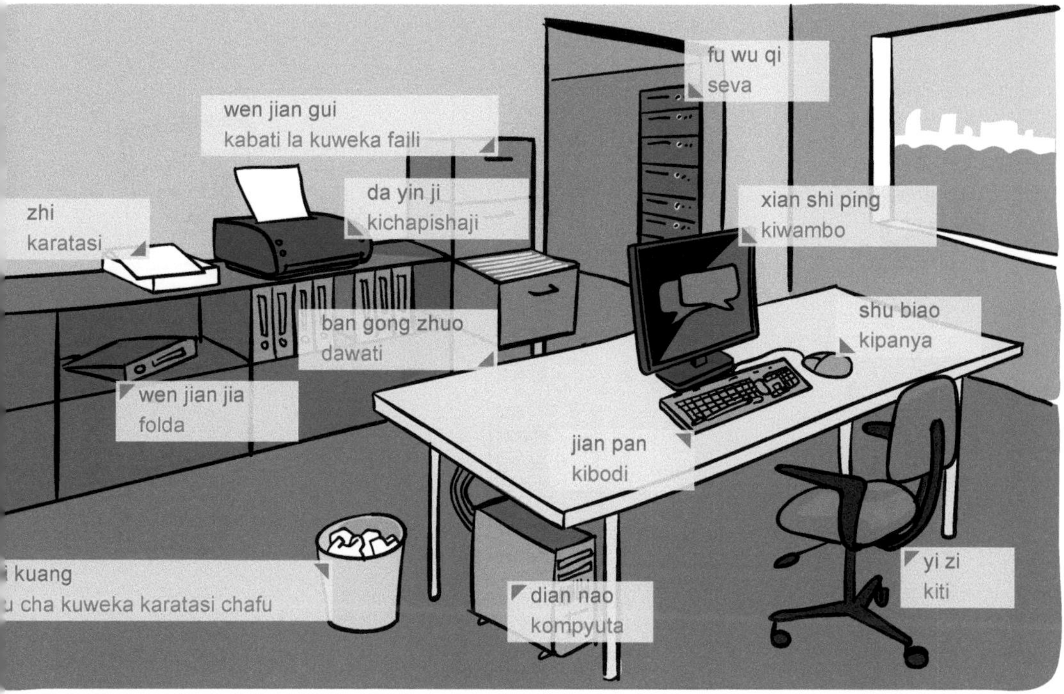

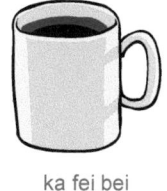

ka fei bei

kmobe la kahawa

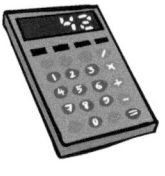

ji suan qi

kikokotoo

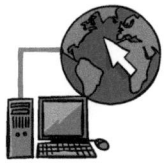

yin te wang

biashara

bi ji ben dian nao

mbali

xin jian

barua

xiao xi

ujumbe

shou ji

rununu

wang luo

intaneti

fu yin ji

fotokopia

ruan jian

programu

dian hua

simu

cha zuo

soketi

chuan zhen ji

kipepesi

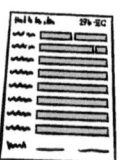

biao ge

fomu

wen jian

hati

mai

kununua

fu qian

kulipa

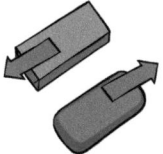

jiao yi

biashara

xian jin

fedha

 **USD**

mei yuan

dola

 **EUR**

ou yuan

yuro

JPY

ri yuan

yeni

RUB

lu bu

rouble

CHF

rui shi fa lang

faranga ya Uswisi

CNY

ren min bi

renminbi yuan

INR

lu bi

rupia

ti kuan chu

eneo la kulipia

wai bi dui huan chu

ofisi ya ubadilishanaji

jin

dhahabu

yin

fedha

shi you

mafuta

neng yuan

nishati

jia ge

bei

he tong

mkataba

shui jin

kodi

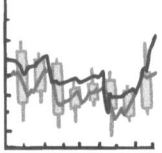

gu piao

bidhaa

gong zuo

kazi

zhi yuan

mfanyakazi

lao ban

mwajiri

gong chang

kiwanda

shang dian

duka

jing guan
afisa wa polisi

xiao fang yuan
mzimamoto

chu shi
mpishi

yi sheng
daktari

fei xing yuan
rubani

yuan ding

mtunza bustani

mu jiang

seremala

cai feng

mshonaji

fa guan

hakimu

hua xue jia

mwanakemia

yan yuan

muigizaji

gong jiao che si ji

dereva wa basi

chu zu che si ji

dereva wa teksi

yu fu

mvuvi

qing jie nü gong

mwanamke wa kusafisha

wu ding gong

mwezekaji

fu wu yuan

mhudumu

lie ren

mwindaji

hua jia

mchoraji

mian bao shi

mwokaji

dian gong

umeme

jian zhu gong ren

mjenzi

gong cheng shi

mhandisi

tu fu

mchinjaji

shui guan gong

fundi bomba

you di yuan

mwanaposta

shi bing

mwanajeshi

jian zhu shi

msanifu majengo

shou yin yuan

keshia

hua nong

muuza maua

li fa shi

msusi

shou piao yuan

kondakta

ji xie shi

mekanika

chuan zhang

nahodha

ya yi

daktari wa meno

ke xue jia

mwanasayansi

la bi

rabbi

yi ma mu

imamu

he shang

mtawa

mu shi

kasisi

gong ju
zana

tie chui
nyundo
qian zi
koleo
luo si dao
bisibisi
ban shou
spana
shou dian tong
kurunzi

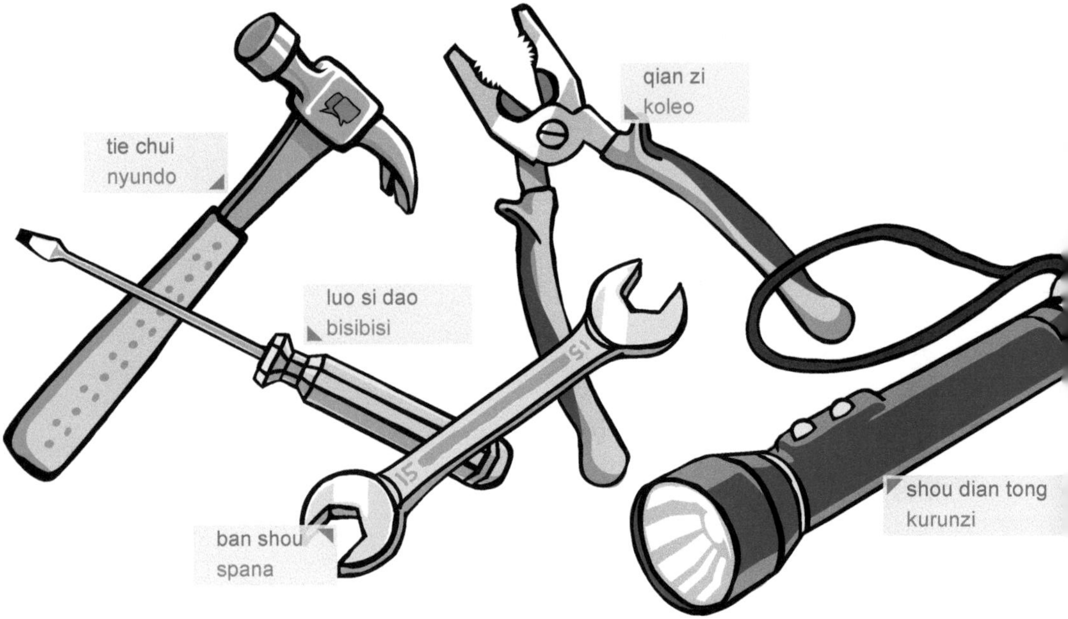

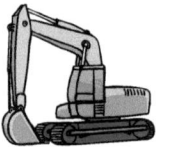

wa jue ji

mchimbaji

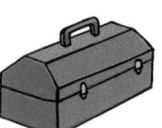

gong ju xiang

sanduku la vifaa

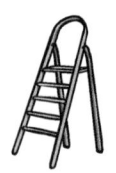

ti zi

ngazi

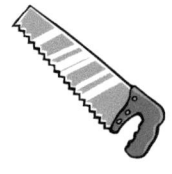

ju zi

msumeno

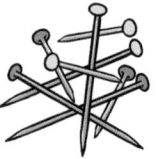

ding zi

misumari

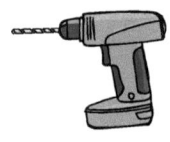

zuan ji

kuchimba visima

xiu

kukarabati

chan zi

sepetu

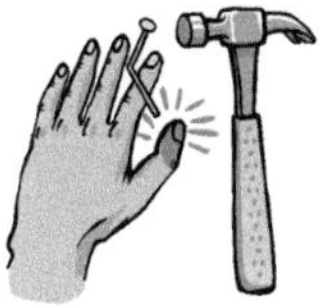

kao!

Lo!

bo ji

kishikio cha uchafu

you qi tong

chungu cha rangi

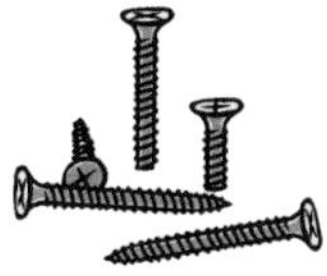

luo si

skurubu

yue qi
ala za muziki

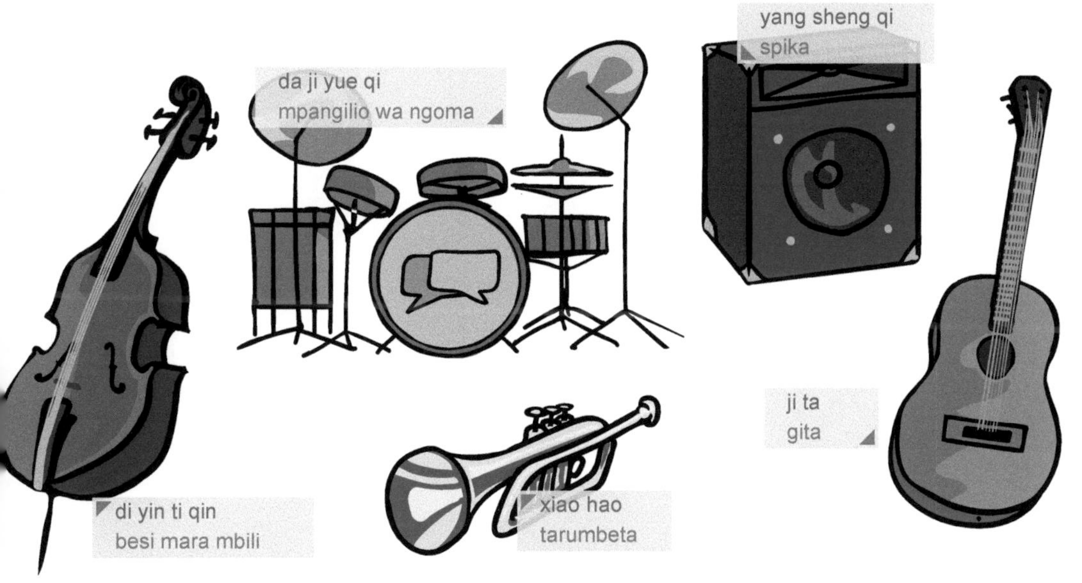

yang sheng qi
spika

da ji yue qi
mpangilio wa ngoma

ji ta
gita

di yin ti qin
besi mara mbili

xiao hao
tarumbeta

gang qin

piano

xiao ti qin

fidla

bei si

ubeji

ding yin gu

timpani

gu

ngoma

dian zi qin

kibodi

sa ke si guan

saksafoni

chang di

filimbi

mai ke feng

maikrofoni

dong wu yuan

bustani ya wanyama

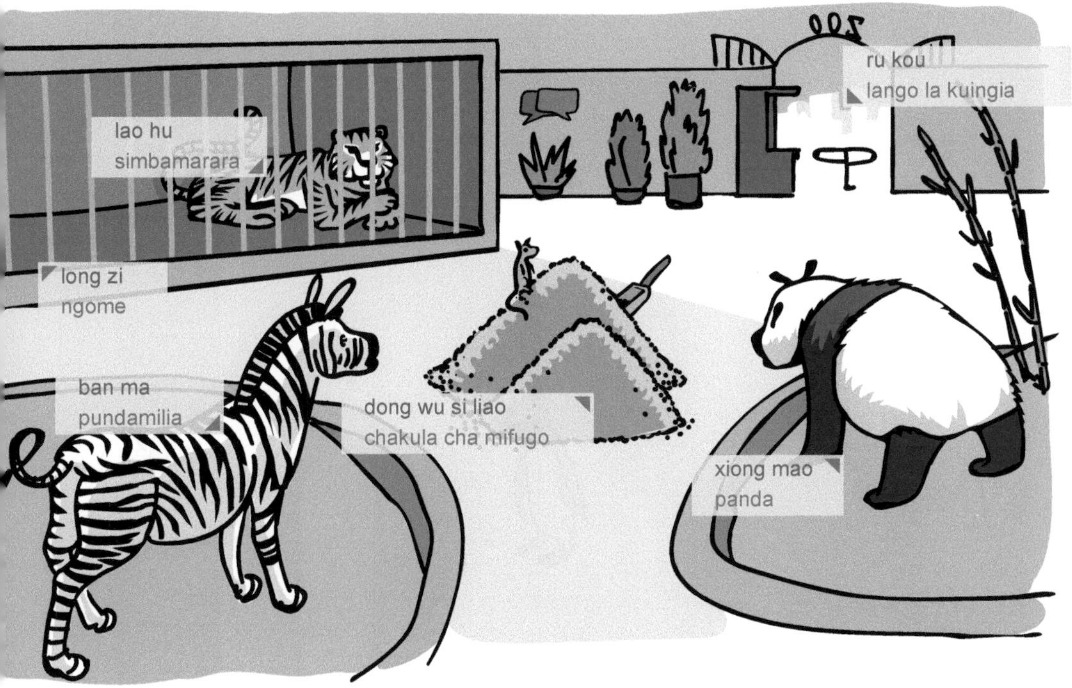
ru kou
lango la kuingia
lao hu
simbamarara
long zi
ngome
ban ma
pundamilia
dong wu si liao
chakula cha mifugo
xiong mao
panda

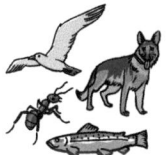

dong wu

wanyama

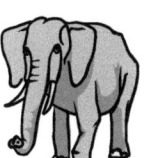

da xiang

tembo

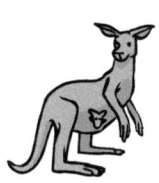

dai shu

kangaruu

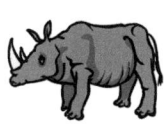

xi niu

kifaru

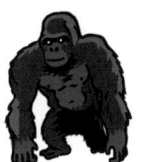

da xing xing

sokwe

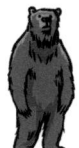

xiong

dubu

luo tuo

ngamia

tuo niao

mbuni

shi zi

simba

hou zi

tumbili

huo lie niao

heroe

ying wu

kasuku

bei ji xiong

dubu

qi e

penguini

sha yu

papa

kong que

tausi

she

nyoka

e yu

mamba

dong wu yuan guan li yuan

mtunza wanyama

hai bao

muhuri

mei zhou bao

jaguar

ai zhong ma

mwanafarasi

bao

chui

he ma

kiboko

chang jing lu

twiga

lao ying

tai

ye zhu

nguruwe mwitu

yu

samaki

gui

kobe

hai xiang

sili

hu li

mbweha

ling yang

paa

gan lan qiu
soka ya marekani

qi zi xing che
uendeshaji baiskeli

wang qiu
tenisi

lan qiu
mpira wa kikapu

you yong
kuogelea

bing qiu
magongo ya barafuni

quan ji
ndondi

ying shi zu qiu
soka

yu mao qiu
vinyoya

tian jing
riadha

shou qiu
mpira wa mikono

hua xue
skii

ma qiu
polo

huo dong
shughuli

xiao
cheka
tiao
kuruka
yong bao
kumbatia
zou lu
kutembea
chang
kuimba
zuo meng
ota ndoto
qi dao
kuomba
qin wen
busu

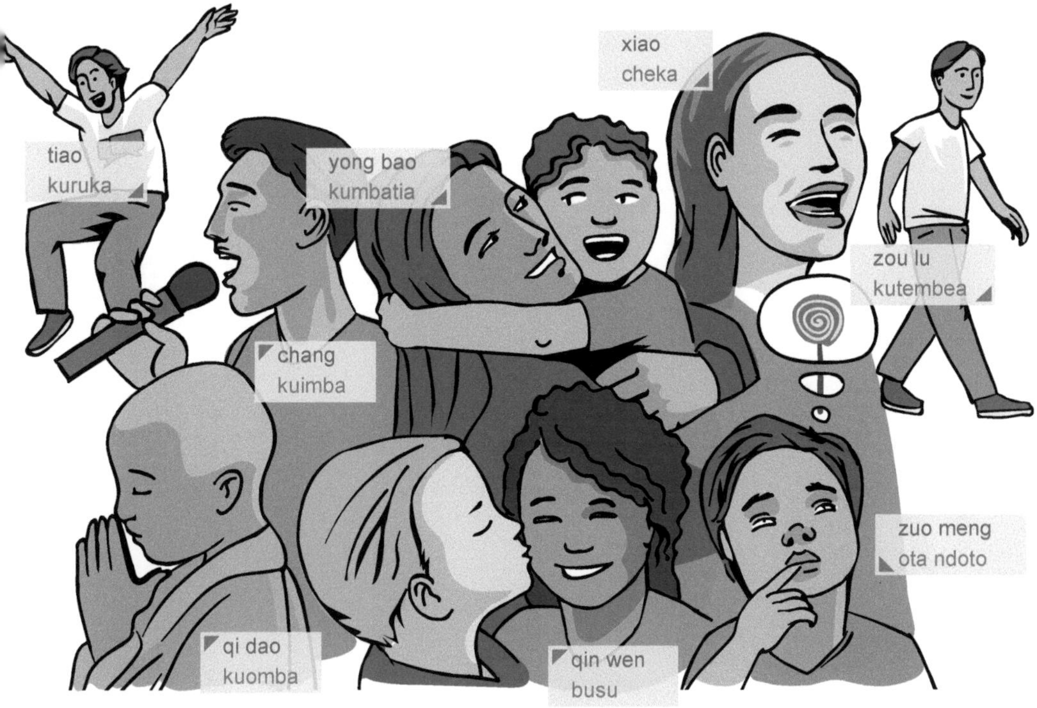

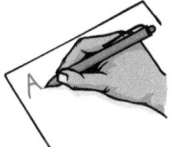

shu xie
kuandika

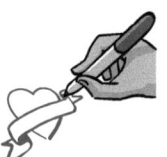

hua
kuteka

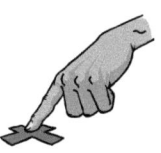

zhan shi
angalia

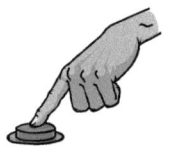

tui
sukuma

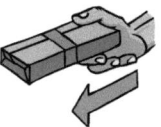

gei
kutoa

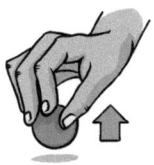

na
kuchukua

you
kuwa

zuo
fanya

dang
kuwa

zhan
kusimama

pao
kukimbia

la
vuta

reng
kutupa

shuai dao
kuanguka

tang
hadaa

deng dai
kusubiri

xie dai
kubeba

zuo
kukaa

chuan yi
vaa nguo

shui jiao
usingizi

xing lai
kuamka

kan

kuangalia

ku

lia

fu mo

kiharusi

shu tou

chana nywele

jiao tan

ongea

ming bai

kuelewa

wen

kuuliza

ting

kusikiliza

he

kunywa

chi

kula

qing li

nadhifisha

ai

upendo

zuo fan

mpishi

kai che

gari

fei

kuruka

hang xing

meli

ji suan

kokotoa

du

kusoma

xue xi

kujifunza

gong zuo

kazi

jie hun

kuoa

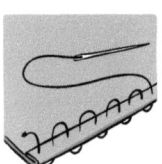

feng

kushona

shua ya

piga mswaki

sha

kuua

chou yan

moshi

ji

kutuma

zu mu
bibi

zu fu
babu

fu qin
baba

mu qin
mama

ying tong
mtoto

nü er
binti

er zi
bin

ke ren

mgeni

a yi

shangazi

shu shu

mjomba

xiong di

kaka

jie mei

dada

shen ti

mwili

qian e
paji la uso
yan jing
jicho
jian bang
bega
shou zhi
kidole
lian
uso
xia ba
kidevu
shou
mkono
tui
mguu
ru fang
matiti
shou bi
mkono

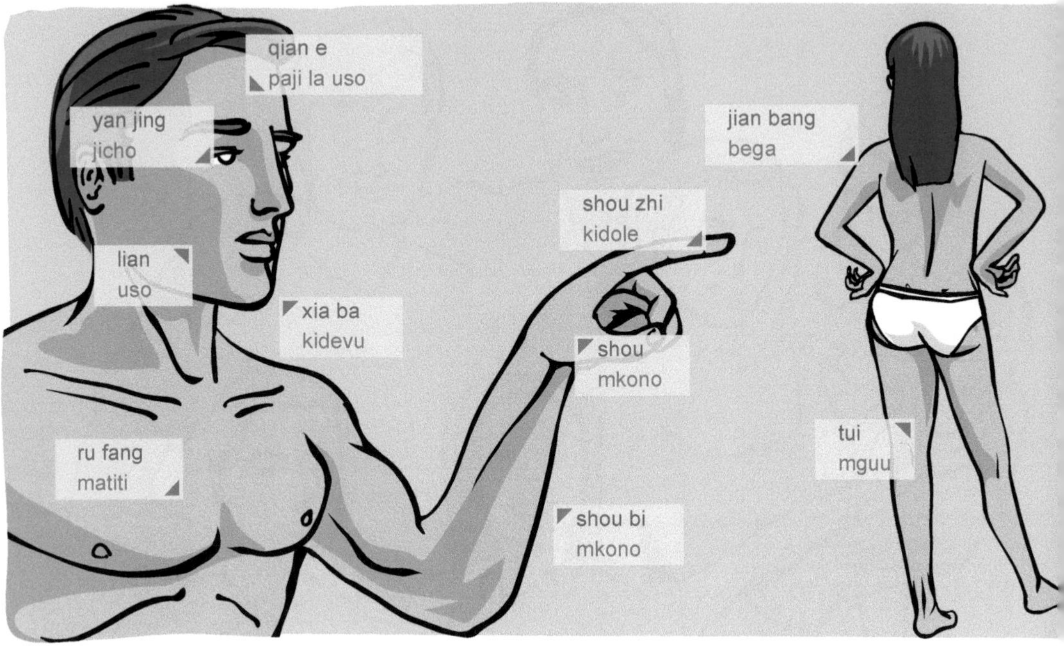

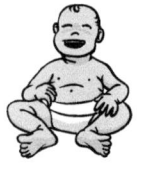

ying tong
mtoto

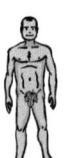

nan ren
mwanamume

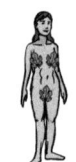

nü ren
mwanamke

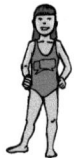

nü hai
msichana

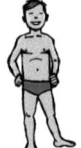

nan hai
mvulana

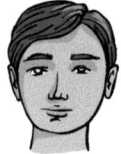

tou
kichwa

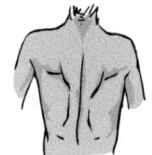

bei bu

nyuma

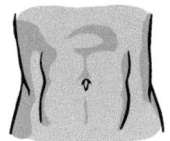

du zi

tumbo

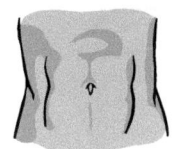

du qi

kitovu

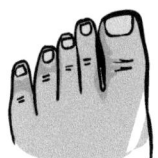

jiao zhi

chano

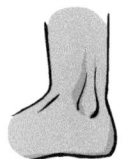

jiao hou gen

kisigino

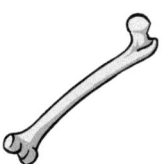

gu tou

mfupa

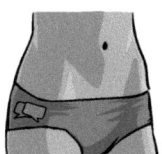

tun bu

nyonga

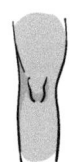

xi gai

goti

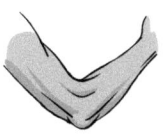

shou zhou

kiwiko

bi zi

pua

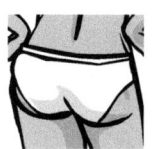

pi gu

chini

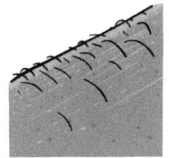

pi fu

ngozi

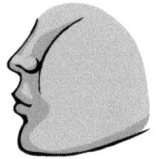

lian jia

shavu

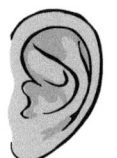

er duo

sikio

zui chun

mdomo

zui

kinywa

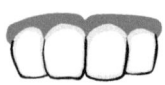

ya chi

jino

she tou

ulimi

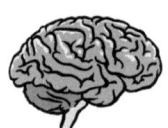

nao

ubongo

xin zang

moyo

ji rou

misuli

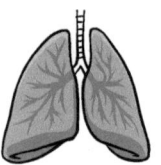

fei

pafu

gan zang

ini

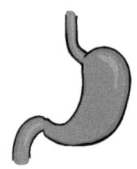

wei

tumbo

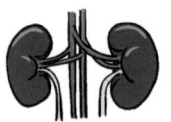

shen zang

figo

xing jiao

jinsia

bi yun tao

kondomu

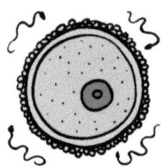

luan zi

ovari

jing zi

shahawa

huai yun

mimba

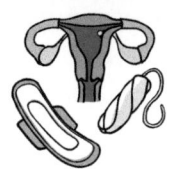

yue jing

hedhi

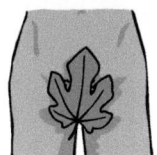

yin dao

uke

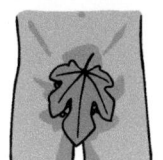

yin jing

uume

mei mao

unyusi

tou fa

nywele

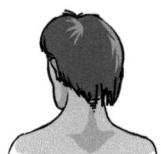

bo zi

shingo

yi yuan
hospitali

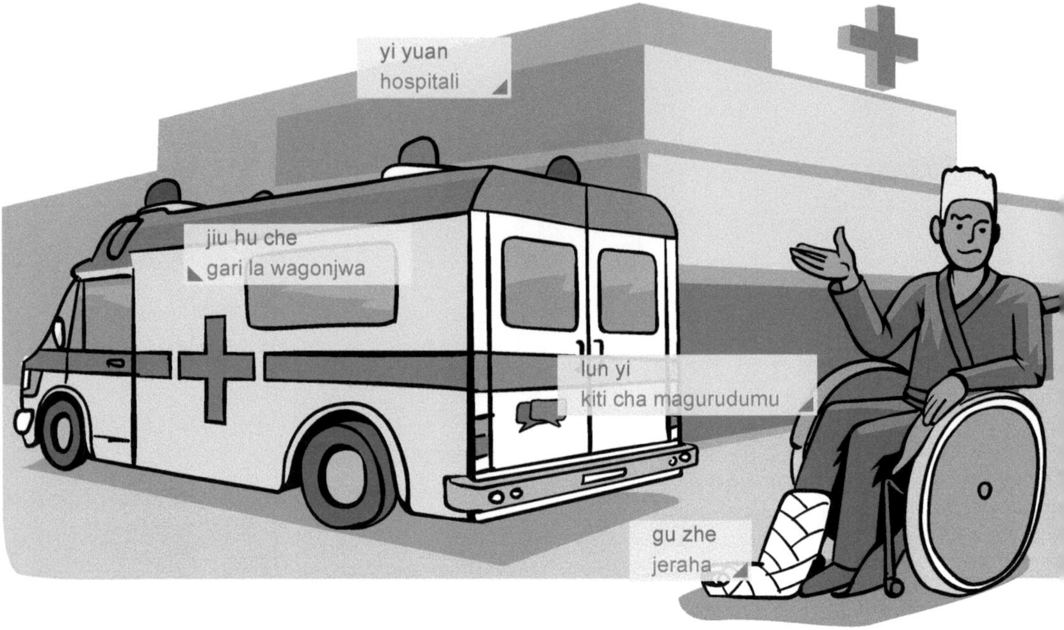

yi yuan
hospitali
jiu hu che
gari la wagonjwa
lun yi
kiti cha magurudumu
gu zhe
jeraha

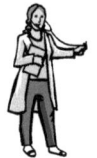

yi sheng

daktari

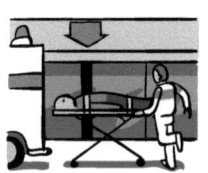

ji zhen shi

chumba cha dharura

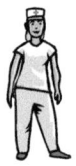

hu shi

muuguzi

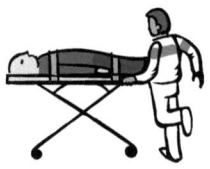

jin ji qing kuang

dharura

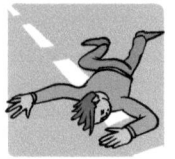

hun mi

kupoteza fahamu

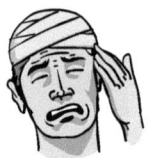

tong

maumivu

shou shang

kuumia

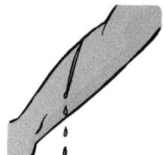

chu xue

kutokwa na damu

xin zang bing fa zuo

mshtuko wa moyo

zhong feng

kiharusi

guo min

mzio

ke sou

kikohozi

fa shao

homa

liu gan

mafua

fu xie

kuharisha

tou tong

maumivu ya kichwa

ai zheng

kansa

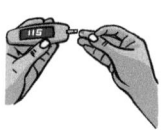

tang niao bing

ugonjwa wa kisukari

wai ke yi sheng

daktari mpasuaji

shou shu dao

kisu kidogo cha kupasulia

shou shu

operesheni

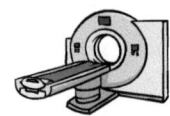

CT

picha changanufu ya mwili

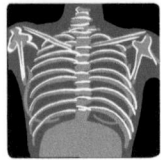

X guang

Eksrei

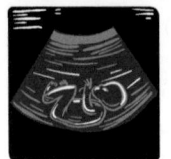

chao sheng bo

mawimbi sauti

kou zhao

barakoa ya uso

ji bing

ugonjwa

hou zhen shi

chumba cha kusubiri

guai zhang

mkongojo

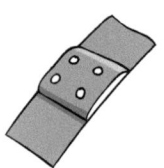

shi gao

plasta

beng dai

bendeji

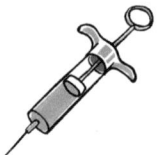

zhu she

sindano

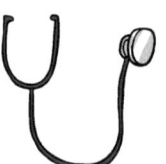

ting zhen qi

stetoskopu

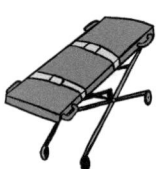

dan jia

machela

ti wen ji

kipimajoto cha kliniki

chu sheng

kuzaliwa

chao zhong

unene kupita kiasi

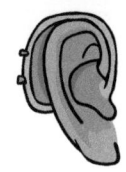

zhu ting qi

kusikia misaada

xiao du ye

kipukusi

gan ran

maambukizi

bing du

virusi

ai zi bing

VVU / UKIMWI

yao wu

dawa

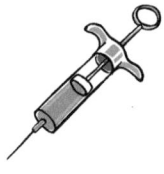

jie zhong yi miao

chanjo

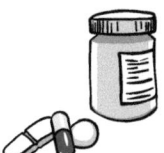

yao pian

vidonge

yao wan

kidonge

ji jiu dian hua

simu ya dharura

xue ya ji

haemodainamometa

sheng bing/jian kang

mgonjwa / mwenye afya

jiu ming!

Msaada!

jing bao

kengele

tu ji

pigo

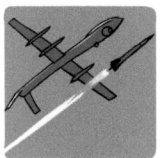

gong ji

shambulizi

wei xian

hatari

jin ji chu kou

lango la dharura

zhao huo la!

Moto!

mie huo qi

kizima moto

yi wai

ajali

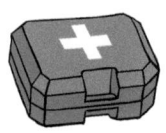

ji jiu xiang

vifaa vya huduma ya kwanza

hu jiu xin hao

wito wa msaada

jing cha

polisi

ou zhou

Ulaya

bei mei zhou

Amerika ya Kaskazini

nan mei zhou

Amerika ya Kusini

fei zhou

Afrika

ya zhou

Asia

ao zhou

Australia

da xi yang

Atlantiki

tai ping yang

Pasifiki

yin du yang

Bahari ya Hindi

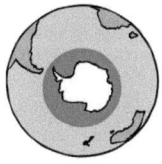

nan bing yang

Bahari ya Antaktiki

bei bing yang

Bahari ya Aktiki

bei ji

Ncha ya Kaskazini

nan ji

Ncha ya Kusini

nan ji zhou

Antaktika

di qiu

dunia

lu di

nchi

hai

bahari

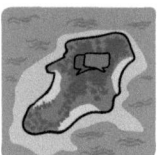

dao

kisiwa

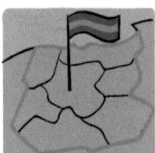

guo jia

taifa

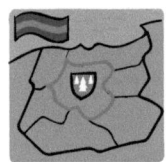

guo jia

jimbo

zhong mian

uso wa saa

shi zhen

akrabu ya saa

fen zhen

akrabu ya dakika

miao zhen

akrabu ya sekunde

xian zai ji dian?

Ni saa ngapi?

tian

siku

shi jian

wakati

xian zai

sasa

dian zi biao

saa ya dijitali

fen

dakika

shi

saa

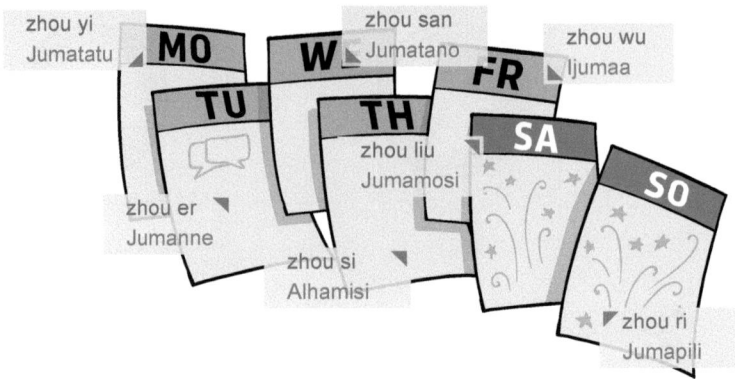

zhou yi
Jumatatu

zhou san
Jumatano

zhou wu
Ijumaa

zhou er
Jumanne

zhou liu
Jumamosi

zhou si
Alhamisi

zhou ri
Jumapili

zuo tian
jana

jin tian
leo

ming tian
kesho

zao chen
asubuhi

zhong wu
saa sita mchana

wan shang
jioni

gong zuo ri
siku za biashara

zhou mo
mwishoni mwa wiki

nian
mwaka

yu
mvua
cai hong
upinde wa mvua
feng
upepo
xue
theluji
chun
majira ya machipuko
qiu
vuli
xia
kiangazi
dong
majira ya baridi

4.APRIL 11°
5.APRIL 4°
6.APRIL 13°
7.APRIL 8°
8.APRIL 10°

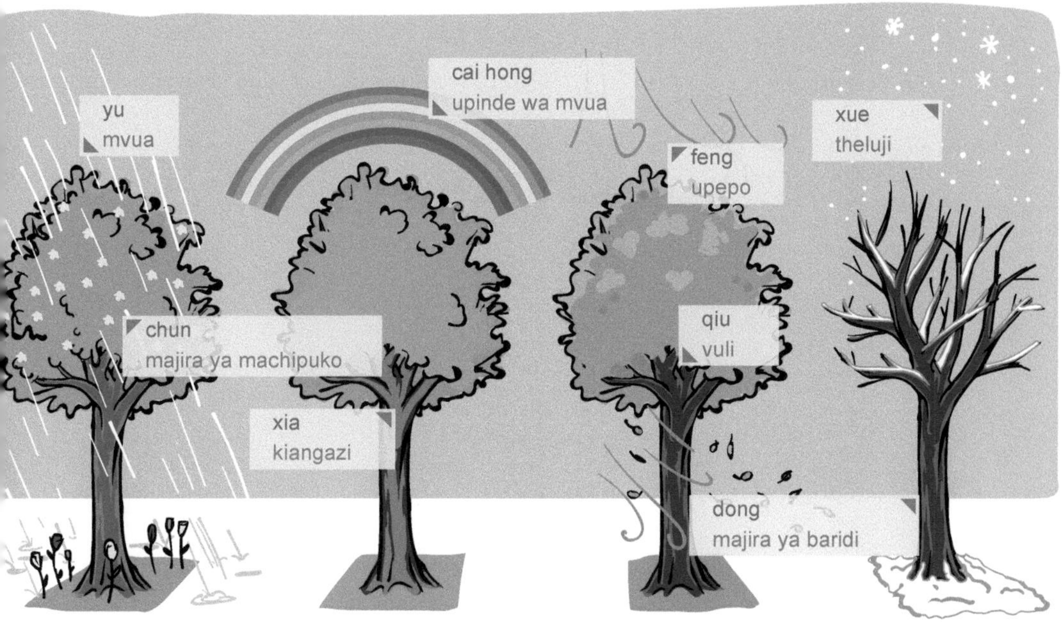

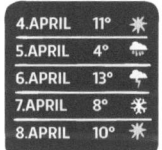

tian qi yu bao

utabiri wa hali ya hewa

F C
120 40
90 30
60 20
30 10
0 0
-30 -10
-20

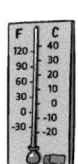

wen du ji

kipimajoto

yang guang

mwanga wa jua

yun

wingu

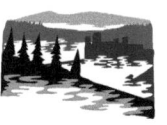

wu

ukungu

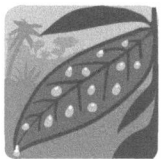

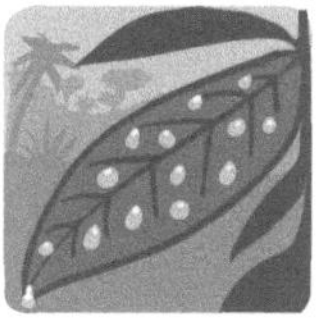

chao shi

unyevu

shan dian

umeme

da lei

radi

feng bao

dhoruba

bing bao

mvua ya mawe

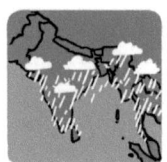

ji feng

monsuni

hong shui

mafuriko

bing

barafu

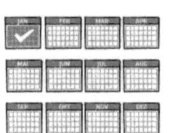

yi yue

Januari

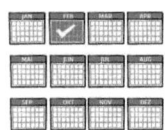

er yue

Februari

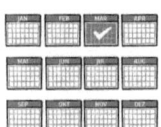

san yue

Machi

si yue

Aprili

wu yue

Mei

liu yue

Juni

qi yue

Julai

ba yue

Agosti

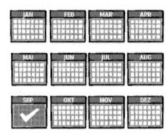

jiu yue

Septemba

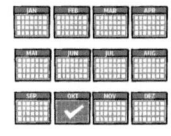

shi yue

Oktoba

shi yi yue

Novemba

shi er yue

Desemba

xing zhuang
maumbo

yuan xing

mduara

zheng fang xing

mraba

chang fang xing

mstatili

san jiao xing

pembetatu

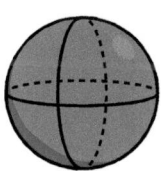

qiu ti

nyanja

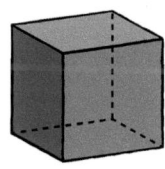

li fang ti

mchemraba

bai

nyeupe

huang

manjano

cheng

chungwa

fen

rangi ya waridi

hong

nyekundu

zi

hudhurungi

lan

bluu

lü

kijani

zong

hanja

hui

jivujivu

hei

nyeusi

hen duo/shao xu

mengi / kidogo

sheng qi/ping jing

hasira / pole

mei/chou

nzuri / mbaya

shou/wei

mwanzo / mwisho

da/xiao

kubwa / ndogo

ming/an

angavu / giza

xiong di/jie mei

kaka / dada

gan jing/ang zang

safi / chafu

wan zheng/que shi

kamilika / tokamilika

bai tian/wan shang

siku / usiku

si/sheng

wafu / hai

kuan/zhai

pana / nyembamba

ke shi yong/fei shi yong

kulika / kutolika

xie e/shan liang

ovu / ema

xing fen/wu liao

sisimkwa / udhika

pang/shou

nene / nyembamba

di yi/zui hou

kwanza / mwisho

peng you/di ren

rafiki / adui

man/kong

jaa / tupu

ying/ruan

ngumu / laini

zhong/qing

nzito / nyepesi

e/ke

njaa / kiu

sheng bing/jian kang

mgonjwa / mwenye afya

fei fa/he fa

haramu / kisheria

cong ming/yu ben

akili / kijinga

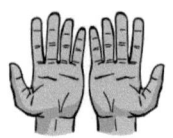

zuo/you

kushoto / kulia

jin/yuan

karibu / mbali

xin/jiu

mpya / kutumika

mei you/you xie

kitu / jambo

lao/you

zee / changa

kai/guan

waka / zima

da kai/he shang

wazi / fungwa

an jing/chao nao

utulivu / kelele

fu/qiong

tajiri / masikini

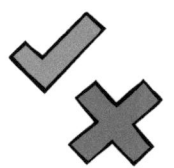

dui/cuo

sahihi / kosa

cu cao/guang hua

mbaya / laini

shang xin/gao xing

huzunika / furahia

duan/chang

fupi /ndefu

man/kuai

polepole / haraka

shi/gan

nyevu / kavu

wen nuan/liang shuang

joto / baridi

zhan zheng/he ping

vita / amani

0

ling

sufuri

1

yi

moja

2

er

mbili

3

san

tatu

4

si

nne

5

wu

tano

6

liu

sita

7

qi

saba

8

ba

nane

9

jiu

tisa

10

shi

kumi

11

shi yi

kumi na moja

12
shi er

kumi na mbili

13
shi san

kumi na tatu

14
shi si

kumi na nne

15
shi wu

kumi na tano

16
shi liu

kumi na sita

17
shi qi

kumi na saba

18
shi ba

kumi na nane

19
shi jiu

kumi na tisa

20
er shi

ishirini

100
bai

mia

1.000
qian

elfu

1.000.000
bai wan

milioni

ying yu

Kiingereza

mei shi ying yu

Kiingereza cha Marekani

pu tong hua

Kimandarini cha Uchina

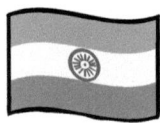

yin di yu

Kihindi

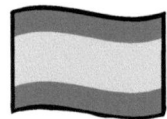

xi ban ya yu

Kihispania

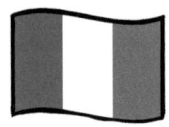

fa yu

Kifaransa

a la bo yu

Kiarabu

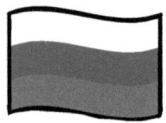

e yu

Kirusi

pu tao ya yu

Kireno

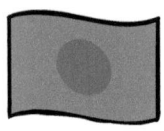

feng jia la yu

Kibengali

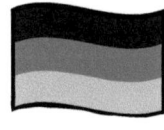

de yu

Kijerumani

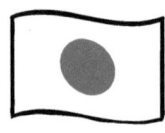

ri yu

Kijapani

wo

mimi

ni

wewe

ta/ta/ta

yeye / yeye / ni

wo men

sisi

ni men

wewe

ta men

wao

shei?

nani?

shen me?

nini?

zen yang?

jinsi gani?

na li?

wapi?

shen me shi hou?

lini?

ming zi

jina

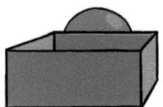

hou mian

nyuma

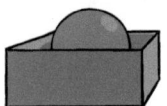

li mian

katika

qian mian

mbele ya

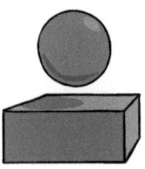

shang fang

juu ya

shang mian

kwenye

xia mian

chini ya

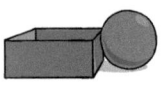

pang bian

kando

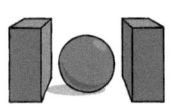

zhong jian

kati

di dian

mahali